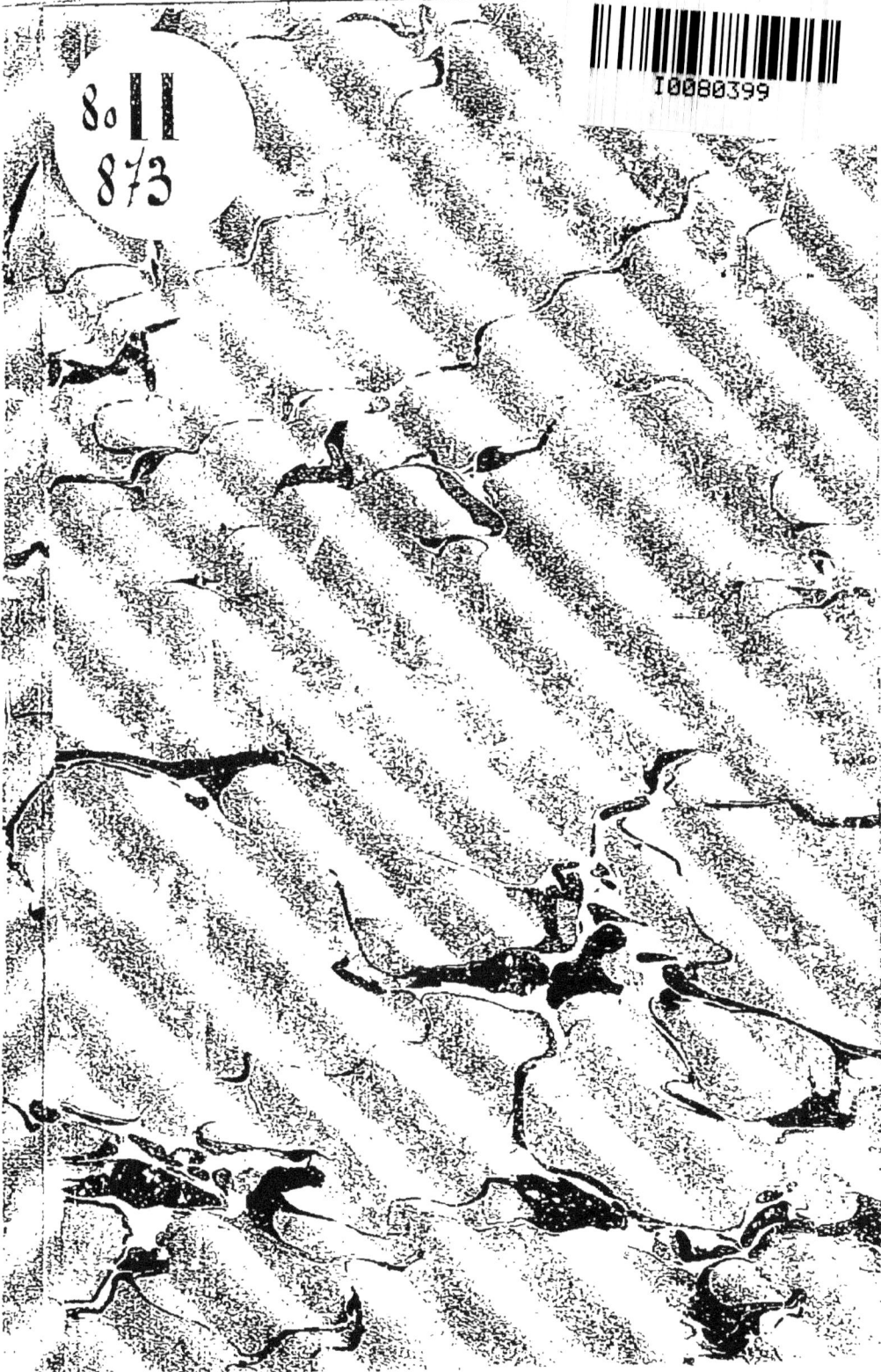

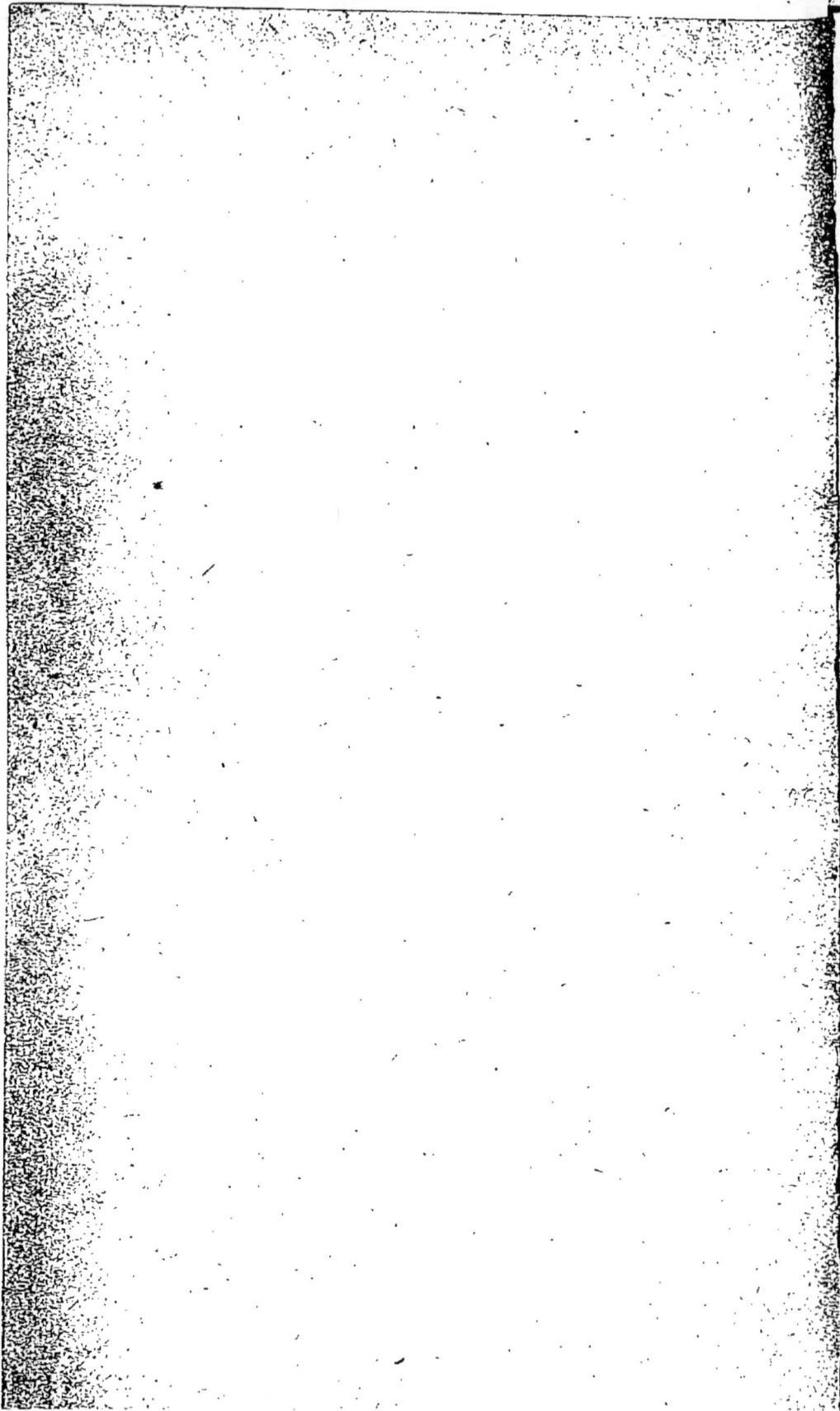

ORIGINES ET CAUSES HISTORIQUES

DE L'ANTISÉMITISME

CONFÉRENCE

FAITE A LA SOCIÉTÉ DES ÉTUDES JUIVES

LE 26 JANVIER 1884

PAR

M. E. Aristide ASTRUC

Grand Rabbin honoraire de Belgique

Extrait de l'*Annuaire de la Société des Études juives.*
Troisième année.

VERSAILLES
IMPRIMERIE CERF ET FILS
50, RUE DUPLESSIS, 50

1884

ORIGINES ET CAUSES HISTORIQUES

DE L'ANTISÉMITISME

1894

ORIGINES ET CAUSES HISTORIQUES

DE L'ANTISÉMITISME

CONFÉRENCE

FAITE A LA SOCIÉTÉ DES ÉTUDES JUIVES

LE 26 JANVIER 1884

PAR

M. E. Aristide ASTRUC

Grand Rabbin honoraire de Belgique

Extrait de l'*Annuaire de la Société des Études juives*
Troisième année.

VERSAILLES

IMPRIMERIE CERF ET FILS

59, RUE DUPLESSIS, 59

1884

ORIGINES ET CAUSES HISTORIQUES

DE L'ANTISÉMITISME

Conférence faite à la Société des Études juives,
le 26 janvier 1884,

PAR M. E. Aristide ASTRUC

Grand Rabbin honoraire de Belgique.

———

PRÉSIDENCE DE M. JOSEPH DERENBOURG, PRÉSIDENT.

M. le Président ouvre la séance en s'exprimant en ces termes :

MESDAMES ET MESSIEURS,

Depuis la formation de notre Société, à une exception près, Monsieur le grand-Rabbin de Paris a présidé nos séances et vous a remerciés de l'honneur que vous nous faites en venant en grand nombre à nos réunions. Monsieur le grand-Rabbin profitait de ces occasions pour vous exposer le but élevé de notre Société, pour vous entretenir du succès rapide qu'a obtenu notre *Revue* au milieu des publications du même genre, et pour vous faire voir comment l'activité de notre Société pourrait s'étendre encore, si nos ressources étaient plus considérables. Je n'ai pas besoin d'ajouter que notre digne pasteur vous parlait avec chaleur et persuasion, et vous étiez heureux de pouvoir l'applaudir ici, les convenances vous interdisant de le faire dans une autre enceinte.

Appelé, par vos suffrages, à l'honneur de vous présider, je n'ai ni l'autorité de sa parole, ni l'entraînement de son éloquence. Heureusement, ma tâche sera facile, puisque je n'ai qu'à vous présenter notre éminent conférencier. Or, Monsieur le grand-Rabbin honoraire de la Belgique vous est parfaitement connu; il a vécu parmi nous avant d'occuper le rabbinat de Bruxelles, et depuis plusieurs années il est revenu à Paris. M. Astruc a pratiqué l'art oratoire aussi bien en chaire que dans des réunions publiques; et le sujet qu'il va traiter est d'un intérêt capital, j'ajouterai d'une terrible actualité. M. Astruc va vous entretenir de l'origine et des causes historiques de l'antisémitisme.

Permettez-moi de m'arrêter un instant à ce mot d'antisémitisme, qui est aussi barbare que sont barbares les actes violents qu'il a provoqués. Le mot a été forgé dans les régions ténébreuses et brumeuses du Nord, il est sorti d'une sacristie et, pour passer la frontière, il n'a changé que de terminaison : *Antisemilismus* est devenu antisémitisme; c'est le dernier rejeton d'une famille de mots, qui est même récente de l'autre côté du Rhin. Un célèbre professeur de

Gottingue, J.-G. Eichhorn, entreprit au commencement de ce siècle de diviser les idiomes de notre globe
entre les trois fils de Noé : Sem, Cham et Japhet.
En se fondant sur le chapitre x de la Genèse, il at-
tribua à Sem la langue parlée par les Hébreux, les
Arabes, les Phéniciens, les Araméens et les autres
peuples dont les langues portent le même cachet que
l'hébreu. Il appela ces langues *sémitiques*. Bien que
la science ait trouvé le terme inexact, comme il était
commode, on le garda. En France, le mot n'a dû
l'honneur d'entrer dans le dictionnaire de l'Académie
française qu'à l'autorité de M. Renan, qui avait écrit
son admirable *Histoire générale des langues sémitiques*. On s'est borné à ce seul terme. Il faut espérer
qu'on en restera là et qu'à l'époque où l'Académie pu-
bliera une nouvelle édition de son lexique, le mot antisémitisme et la chose auront disparu de notre société.
L'antisémitisme n'aura servi qu'à désigner un court
et triste épisode de la longue et douloureuse histoire
des persécutions religieuses.

*_**

M. Astruc répond :

Je remercie l'éminent professeur qui nous préside
des encouragements qu'il a bien voulu m'accorder.
Vous venez de l'entendre donner, en quelques aperçus
pleins de finesse, l'état civil du mot *antisémitisme;*
je vais rechercher devant vous l'état civil de la chose
elle-même, mais les éléments de ma recherche, c'est

dans les travaux de notre président comme dans
ceux de Munk, de Havet, de Renan, de Graetz,
dans ceux aussi des savants collaborateurs de notre
Revue que je les prendrai. Je ne serai donc que
ce qu'on appelle en style de journalisme un simple
reporter. Chez nous, c'est comme en politique, les
uns font l'histoire, les autres se bornent à la ra-
conter.

Bien que l'antisémitisme soit, hélas! un fait con-
temporain, notre étude sera purement historique.
Mais comme elle embrasse quatorze à seize siècles,
elle sera nécessairement rapide et superficielle. Ce
sera comme les perspectives qu'on aperçoit quand
on traverse un pays dans un train de grande vi-
tesse : les lignes principales seules apparaissent,
on ne voit pas les détails. Pour avoir ses incon-
vénients, le système n'est pourtant pas sans avantages. A juger ainsi de haut et de loin, on gagne en
impartialité. On sent mieux la vérité, et, tout en
se faisant honneur de sa doctrine, on n'en rend pas
moins justice à celles qui l'ont combattue. Il ne sera
donc rien dit ici qui porte atteinte au christianisme,
ce fils aîné de la synagogue dont Montesquieu disait
qu'il a souvent battu sa mère. Mais un cœur de
mère est riche en indulgence et toujours prêt au
pardon.

I

Pour trouver les origines les plus lointaines du
triste phénomène si improprement appelé antisémi-

tisme, puisque ce n'est pas toute la race de Sem,
mais les seuls Hébreux qu'il atteint, nous devons remonter à environ deux siècles avant J.-C. Les suc-
cesseurs d'Alexandre, désireux de peupler les grandes
villes fondées par le conquérant macédonien et par
eux-mêmes, avaient accordé aux Juifs qui vien-
draient s'y établir les mêmes droits qu'aux Grecs.
Aussi leur cour fut-elle bientôt peuplée de Juifs
distingués, et les nouvelles cités promptement rem-
plies d'agglomérations juives puissantes. Ici affluent
tout un monde de prêtres, de receveurs, financiers
et de généraux juifs, surtout occupés de politique et d'intrigues de cour ; là, tout un peuple de
commerçants, d'armateurs et d'artisans actifs, in-
dustrieux, infatigables, très habiles dans leurs métiers.

Dans ce milieu absolument grec, tous, gens de cour
et gens de travail, s'hellénisent rapidement. Mais,
tandis que les uns, même les prêtres, font toutes les
concessions et commettent toutes les trahisons religieuses, les autres, ceux qui appartiennent aux couches sociales inférieures, commerçants et ouvriers le
jour, disciples le soir, s'organisent en corporations
pour étudier et pratiquer la loi. Eux aussi oublient
l'hébreu, mais non pas le judaïsme ; c'est pour satis-
faire à leurs besoins religieux que s'accomplit une
grande œuvre, la traduction de la Bible en grec ; c'est
par eux aussi qu'il se fait une propagande religieuse
ardente, au sein des masses payennes, par exemple à
Antioche, « où, ayant amené à leur culte un grand
nombre d'Hellènes, ils en firent une partie de leur
communauté » ; à Alexandrie, où « l'Eglise juive était
composée en très grande partie de non-Juifs » ; à

Damas où les femmes, « à un moment, se trouvèrent toutes juives [1] ».

Eh bien ! ce n'est sûrement pas dans la conversion des basses classes payennes, ce n'est pas non plus dans les désordres des pontifes israélites que se trouve l'origine première des haines vouées aux Juifs ; ce n'est probablement pas davantage dans le rôle politique actif des hautes classes juives ni dans la part qu'elles prennent aux querelles des Lagides et des Séleucides : ce sont là des faits trop peu importants ou trop ordinaires alors ; c'est bien plutôt dans la double concurrence commerciale et scientifique que les Juifs d'Alexandrie font à leurs concitoyens. Établis en plein Delta, ils sont les maîtres de la navigation ; l'exportation des grains et autres produits alimentaires, la fourniture de Rome et de l'Italie est presque complètement entre leurs mains ; arrivés ainsi à une grande prospérité matérielle, ils s'instruisent. Trait de race ou d'éducation, ils ont horreur de l'ignorance. Bientôt ils se distinguent et cultivent avec succès toutes les branches de la littérature grecque. « Ils associent à leurs croyances la science hellénique, réunissant ainsi, pour agir sur le monde, deux puissances jusque là séparées, celle de la foi et de la doctrine [2]. »

Désireux de prouver l'accord parfait de leur religion avec la philosophie, les Juifs composent des livres grecs, ils écrivent des poésies sous les noms d'Orphée, de Phocylide, de Sophocle. Ils font parler les antiques sibylles, ces prophétesses du monde payen, pour annoncer l'unité de Dieu et le triomphe du mono-

[1] E. Renan, *Le Judaïsme comme race et comme religion*.
[2] Havet, *Origines du christianisme. Le Judaïsme*, p. 383-385.

théisme. Ils produisent un nombre considérable d'ou-
vrages apocryphes. On n'avait pas alors nos idées
sur la probité littéraire ; des subterfuges de cette na-
ture étaient donc assez fréquents, et plus tard on vit
les chrétiens, dans une même intention pieuse de propagande, en continuer l'emploi.

Il est évident qu'une démonstration semblable por-
tait un coup direct aux écoles philosophiques ; elle
atteignait leur influence ; elle mettait à la portée de
tous Moïse et Platon, réunis dans un même sentiment ;
elle démocratisait à la fois la philosophie et la religion,
et tendait à subordonner l'une à l'autre. La colère des
sophistes ne pouvait donc pas ne pas éclater avec vio-
lence, alors surtout que les juifs eurent des hommes
comme Philon, qui s'élevèrent au premier rang, par
la vertu et le caractère autant que par le talent. On
les mit donc au ban de la science ; le Muséum, cette
célèbre Académie alexandrine, où tous les savants et
toutes les opinions étaient admis, leur fut impitoya-
blement fermé. Par représailles contre leur pseudo-
littérature, on produisit toute une littérature de pam-
phlets, où leur histoire, leur doctrine et leur culte
étaient odieusement calomniés : le fiel entre aussi
dans l'âme des gens de lettres. Ceux qui mènent
cette campagne de haine, c'est d'abord un philosophe
stoïcien, Posidonius, environ un siècle avant J.-C. ;
c'est aussi Apollonius Molo, le maître et ami de Cicéron ; c'est encore, au commencement de l'ère chrétienne, le rhéteur Apion. On transforme la sortie
d'Égypte en expulsion d'une horde de lépreux, objets
du dégoût universel ; on répand le bruit que, dans
leur temple ils adorent un dieu à tête d'âne, on as-
sure qu'ils y engraissent un Grec pour le dévorer à

l'une de leurs solennités. C'est le roi Antiochus Epi-
phane qui aurait trouvé le Grec dans le sanctuaire et
ordonné sa mise en liberté. On sait qu'à la Saint-
Barthélemy le philosophe Ramus fut assassiné et
éventré par les écoliers de Paris, ameutés par son
rival Charpentier. A Alexandrie, on essaie de tuer les
Juifs par le ridicule et la calomnie. On profite de
chaque occasion ou de chaque prétexte. Qu'un prince
de Judée étale imprudemment son luxe, ou que la
communauté juive se refuse à recevoir dans sa synagogue le buste de l'empereur, on soulève la populace
contre les Juifs et on les dénonce à Rome. Une dépu-
tation alexandrine conduite par Apion, leur irréconciliable ennemi, va porter contre eux un mémoire à
Caligula.

II

Ces sentiments hostiles, les Romains ne les parta-
geaient pas. C'est un fait bien connu qu'ils étaient, au
point de vue religieux, tolérants envers les peuples
qu'ils avaient vaincus. Dès qu'une nation s'était sou-
mise sans arrière-pensée, elle était libre d'observer
toutes ses coutumes, quelles qu'elles fussent, et, à la
seule condition que l'ordre et la morale publique ne
fussent pas troublés, son culte était, de la part des
vainqueurs, l'objet d'un scrupuleux respect. Dans
Rome même, où la pratique de toutes les religions était
permise, il n'était pas rare de voir célébrer par des
processions splendides les rites bizarres de l'Egypte
et de l'Orient. La tolérance était devenue pour le

peuple-roi un principe politique. Un édifice majestueux s'était élevé dans la capitale du monde pour y recevoir toutes les divinités ; le Panthéon devait faire de Rome le centre religieux de l'Univers. Bien que seul le Dieu des Juifs n'y fût pas représenté, ses adhérents n'avaient pas été exclus de la tolérance accordée à tous. C'était plutôt le contraire ; depuis les Macchabées, environ un siècle et demi avant Jésus-Christ, les Juifs étaient les alliés de Rome. Les guerres civiles suscitées par les princes de cette famille avaient eu pour résultat l'intervention des Romains en Palestine. Un certain nombre de Juifs avaient été faits prisonniers et bientôt affranchis. Etablis à Rome, devenus citoyens, ils avaient formé le noyau de la première communauté juive. Ils étaient, paraît-il, environ 8,000 sous Auguste. A Rome, comme partout, ils se livraient à la plus active des propagandes ; à Rome, plus que partout, ils étaient, en raison de l'étrangeté de leur culte et de l'élévation de leur doctrine, l'objet de l'attention et du respect. Il faut donner ici la parole à M. Hayet qui va nous rendre compte des sentiments éprouvés à Rome, en 63 avant Jésus-Christ, lors de la prise de Jérusalem par Pompée et de l'entrée de ce général avec toute sa suite dans le Saint des Saints où, tout le monde le sait, le grand prêtre des Juifs ne pénétrait qu'une seule fois par an, le jour du Grand Pardon. Evidemment Pompée avait entendu parler du culte de l'âne et de l'engraissement du Grec et il voulait savoir à quoi s'en tenir [1].

« Les esprits avaient reçu une vive impression, » c'est Tacite qui en témoigne [2], lorsque Pompée, à la

[1] J. Salvador, *Domination romaine*, I, p. 237.
[2] *Histoires*, V, § IV.

» prise de Jérusalem, étant entré dans le temple
» jusque là inaccessible, avait reconnu qu'il ne s'y
» trouvait aucune effigie divine et que cette enceinte
» mystérieuse ne cachait rien. Ils furent saisis par
» cette religion de l'invisible, si conforme à la pensée
» de tous ceux qui étaient capables de philosophie à
» quelque degré [1]. »

Mais ce n'est pas une, c'est dix pages de *l'Hellénisme*
de M. Havet et tout autant de *l'Histoire de la Palestine*
de M. Derenbourg, que nous devrions citer ici pour
offrir un tableau complet, impartial, vivant de l'activité religieuse des Juifs à Rome aux derniers jours de
la République et sous les premiers empereurs. On
verrait cette activité s'étendre victorieusement à
toutes les classes de la société romaine, depuis l'esclave
infime qu'ils consolaient jusqu'aux personnages de la
noblesse et même de la famille impériale [2], attirés par
le pressentiment et l'attrait de la vérité. La preuve la
plus frappante qu'on en puisse donner, c'est le séna-
tus-consulte rendu sous Tibère en l'an 22. Un détourne-
ment avait été commis par quatre Juifs qui avaient
gardé de riches offrandes envoyées à Jérusalem par
une dame de haute qualité, Fulvie, convertie au judaïsme. Irrité de cet acte malhonnête, Tibère fait
chasser de Rome tout ce qui était juif. « Du récit que
» Josèphe donne de cette persécution il résulte qu'il y
» avait à Rome, sous Tibère, des Juifs qui faisaient
» profession d'enseigner la sagesse des lois de Moïse,
» en d'autres termes qui prêchaient le judaïsme et
» entreprenaient la conversion des payens; ils for-

[1] Havet, *ibid.*, *Hellénisme*, II, p. 153.
[2] Havet, *ibid.*, p. 155 et 225; Derenbourg, *Palestine*, p. 220 et
suivantes.

» maient entre eux des associations pour poursuivre
» cette entreprise, ils gagnaient plus particulièrement
» les femmes, et les femmes de la plus haute distinc-
» tion [1] ».

III

Possesseurs d'une telle influence, comment les Juifs
deviennent-ils, dans Rome si tolérante pour tous, l'objet
de préjugés vivaces, de haines profondes et enfin de
lois d'exception? C'est là un des problèmes les plus curieux et les plus compliqués de l'histoire.

Comme à Alexandrie, il y avait à Rome un certain
nombre de mauvais Juifs, princes de haut et de bas
étage, avides de jouissances et que n'arrêtaient ni
les intrigues, ni les scandales, ni la pensée du danger
qu'ils pouvaient courir ou causer à leurs frères. « On to-
» lérait le docteur, vivant dans la retraite de son école,
» et même le prêtre se renfermant dans l'enceinte du
» sanctuaire... » Mais « la haine... s'allumait surtout
» aux allures luxueuses, aux existences bruyantes et
» aventureuses de ces êtres hybrides qui, comme tous
» les Hérodiens, étaient romains à Rome et juifs en
» Judée,... qui n'imposaient pas le respect de leurs
» croyances par l'austérité de leur vie et qui ne satis-
» faisaient pas davantage les payens par la déférence
» forcée dont ils semblaient leur faire l'aumône [2]. »
Ces « êtres hybrides » étaient un malheur pour leur

---

[1] Havet, *ibid.*, p. 146.
[2] Derenbourg, *ibid.*, p. 221.

religion qu'ils n'observaient que par intérêt et pour leurs coreligionnaires honnêtes qu'ils exploitaient et compromettaient. Nous venons de voir comment la conduite de quatre fripons de cette catégorie avait été fatale à toute la communauté juive de Rome, comment les innocents avaient payé pour les coupables.

Comme à Alexandrie aussi, mais à un autre point de vue, la puissance latente des Juifs excitait l'inquiétude d'une partie des classes dirigeantes, par conséquent celle de leurs clients dévoués, les littérateurs, les poètes, les philosophes. Tout ce monde, plus ou moins en rapport avec les Grecs et imbu de leurs préjugés, redoutait cette propagande qui contrariait ses intérêts, ses idées et ses habitudes, qui osait s'en prendre à eux-mêmes et à leurs femmes et qui s'exerçait dans l'ombre, par en bas, au profit du parti populaire : « Cicéron, l'ami d'Apollonius Molo, Cicéron, plaidant pour Flaccus, accusé, voyez donc l'audace ! d'avoir volé l'or envoyé au temple de Jérusalem, Cicéron déjà se plaint de l'influence des Juifs, si nombreux, si unis, si menaçants dans les assemblées du peuple[1]. » A Rome donc les gens de lettres, philosophes, rhéteurs, poètes, s'opposent à la propagande juive par la raillerie. Le sabbat et ses lumières, « les jeûnes et autres cérémonies ennuyeuses des Juifs, » l'horreur éprouvée par les Juifs pour la viande de porc, la circoncision surtout, voilà le thème ordinaire de leurs moqueries.

La défaveur augmente visiblement à mesure que l'action des Juifs s'affirme davantage. Sénèque perd tout sang-froid : « Cette misérable et criminelle nation, *sceleratissima gens*, s'écrie-t-il, s'est insinuée dans le

---

[1] Salvador, *ibid.*, p. 246 et suiv. ; Havet, *ibid.*, p. 151.

monde entier et y a répandu ses usages; les vaincus
ont donné des lois aux vainqueurs. » Tacite, qui aurait pu se renseigner exactement, qui aurait pu lire
la traduction grecque de la Bible et peut-être même
consulter Flavius Josèphe, courtisan, comme lui, de
Vespasien et de Titus, Tacite traite le culte d'Israël de
rites absurdes et sordides, affirme l'adoration de l'âne
et accuse le peuple juif d'irréconciliable aversion contre
le genre humain

Ces colères injustes, ces haines passionnées, les nombreux mouvements politiques de la Judée, suscités et
calomniés par des procurateurs avides, puis les deux
insurrections nationales des Juifs les font passer dans
l'âme des gouvernants et dans la législation. On sait
quels soulèvements formidables ont éclaté en Judée sous
Néron et sous Hadrien. Rome trembla deux fois, deux
fois fit appel à ses meilleurs généraux et à ses plus
vaillantes légions pour dompter un petit peuple, deux
fois se livra à d'épouvantables orgies de massacres et
enfin pour ses deux mémorables succès éleva deux mo-
numents et décerna trois triomphes aux vainqueurs [1].

« Jamais, dit M. de Saulcy, jamais, je le déclare au
» fond de ma conscience, jamais nationalité n'a péri
» d'une manière plus grande et plus digne que la natio-
» nalité juive [2]. » Ce jugement d'un historien et d'un
soldat, qui a retrouvé dans le sol même de la Palestine les traces éternelles de l'indomptable résistance
des Juifs, on peut le porter sur la seconde comme
sur la première destruction de Jérusalem. Cette folie

---

[1] Voir dans la *Revue des Etudes juives,* I, p. 32-55, le remarquable
travail publié sous le titre modeste de *Notes epigraphiques,* par M. A.
Darmesteter.

[2] *Derniers jours de Jérusalem,* p. 7.

furieuse d'honneur et de patriotisme, que comprendront toujours ceux qui l'ont éprouvée, Rome ne la pardonna pas aux glorieux vaincus. Vespasien et Titus ne craignent pas de leur prendre l'argent qu'ils destinaient au Temple et d'en faire un impôt des plus humiliants, le *fiscus judaicus* ; mais ils rougissent de prendre leur nom, comme c'était l'habitude des vainqueurs. Quant à Hadrien, il proscrivit et insulta lâchement le judaïsme ; sur l'emplacement du Temple il fit élever un autel à Jupiter Capitolin, et, là où tout un peuple avait prié des siècles et saintement péri en combattant, il fit dresser la statue d'un pourceau.

— IV

Rome avait écrasé les Juifs ; elle n'avait pas vaincu le judaïsme. Aujourd'hui la papauté privée de son domaine temporel n'en reste pas moins un pouvoir spirituel au-dessus des atteintes de la force. De même le judaïsme, délivré des soucis de sa nationalité, demeurait une puissance morale invincible. Représenté désormais non plus par un seul, mais par deux groupes considérables, il menaçait plus que jamais ses orgueilleux vainqueurs. Le christianisme avait paru à Rome. La police s'en aperçut pour la première fois sous Claude aux discussions qui avaient lieu dans les synagogues ; elle crut qu'elles avaient pour auteur un certain Christus venu de Palestine, et, pour mettre tout le monde d'accord, elle mit, comme sous Tibère, tout le monde dehors [1].

[1] Suétone, *Claude*, § xxv.

L'erreur était toute naturelle; entre les Juifs anciens et les nouveaux venus, il n'y avait pas de bien grandes divergences. M. Renan a prouvé *l'identité primitive du Judaïsme et du Christianisme;* elle était peut-être plus complète encore que ne l'a dit l'éminent écrivain. Tant que l'apostolat de Paul n'a pas porté tous ses fruits et que les payens ne se sont pas convertis en masse, l'identité s'est maintenue pour les croyances et pour la vie religieuse pratique. Des deux côtés, c'était le même culte sévère d'un Dieu invisible, la même horreur pour le paganisme et ses immoralités, la même ardeur pour les conversions; des deux côtés, la même vénération pour les saintes Ecritures, le même zèle pour la fréquentation des synagogues et l'accomplissement des devoirs rituels prescrits. « On était Juif, comme le dit très bien M. Albert Réville, et l'on voulait rester Juif[1]. » La branche aînée prêchait au nom de Moïse et des prophètes; la branche cadette, au nom de Moïse, des prophètes et de Jésus, venu pour tout accomplir.

On connaît les préjugés et les calomnies qui atteignaient les Juifs; les mêmes haines, les mêmes mensonges s'attachent aux chrétiens. On leur attribue l'adoration de l'âne; leurs repas fraternels sont transformés en agapes immorales. La cérémonie la plus auguste de leur culte, la cène, souvenir touchant des dernières heures de leur Maître, devient dans la bouche de leurs ennemis un atroce attentat contre l'humanité. Laissons parler Tertullien lui-même : « On dit que dans nos mystères nous égorgeons un enfant, que nous le mangeons et qu'après cet horrible repas, nous

---

[1] *Encyclopédie des sciences religieuses,* Art. *Ebionites.*

nous livrons à des plaisirs incestueux, lorsque des chiens, complices de ces infamies, ont renversé les flambeaux, et qu'en nous délivrant de la lumière, ils nous ont affranchis de la honte [1]. »

Comme les Juifs enfin, les chrétiens repoussent avec énergie les mensonges odieux dont ils sont poursuivis ; ils mettent en avant la loi de Moïse dont ils ont encore conservé certaines prescriptions : « Nous sommes si éloignés de verser le sang humain, s'écrient-ils, que nous nous abstenons même du sang des animaux dont la chair nous sert d'aliment [2]. »

Quels étaient les auteurs de ces accusations ? D'après Origène, ce sont les Juifs. Il est incontestable que les Juifs et les chrétiens, devenus graduellement des frères ennemis, se sont dénoncés et calomniés les uns les autres. M. d'Eichthal trouve dans le texte même des Evangiles des traces évidentes de ce dénigrement mutuel [3]. Mais cette accusation spéciale d'assassinat et d'anthropophagie n'a pas pu venir des Juifs, parce qu'ils en portaient eux-mêmes le poids injustement et parce qu'elle visait la cène pascale aussi sacrée pour eux que pour les chrétiens Les présomptions les plus sérieuses font penser que ces calomnies ont eu pour origine à Rome les Romains systématiquement hostiles aux nouveautés religieuses, comme à Alexandrie, les Grecs jaloux des Juifs [4].

---

[1] Tertullien, *Apologétique*, VII à IX ; traduction de l'abbé de Gourcy, p. 43.

[2] *Octavius* de Minutius Felix ; traduct. de Gourcy, même volume, p. 553.

[3] *Les Evangiles*, I, p. 264.

[4] Il faut remarquer ici que Tertullien met dans la bouche des accusateurs des chrétiens la même expression dont Sénèque se sert contre les Juifs : *Dicimur sceleratissimi*, etc...

Rien n'était plus naturel d'ailleurs que ce redoublement de mensonges et aussi de persécutions vers la fin du IIᵉ siècle. La propagande des chrétiens est bien plus ardente que celle des Juifs et bien plus heureuse. Les docteurs israélites, plus sévères que jamais, n'admettent de salut que par la loi et même, dans leur sombre pressentiment des luttes de l'avenir, ils l'entourent de « haies et de défenses ». On n'entre et surtout on ne reste qu'en portant « le lourd fardeau des cérémonies ». Au contraire les apôtres chrétiens, disciples de Paul, ouvrent sans réserve leurs communautés, et, là où les femmes seules s'étaient faites juives, ils rétablissent l'union de la famille. En supprimant tous les obstacles et tout d'abord la circoncision, ils convertissent les pères et les fils par le dogme « simple et commode[1] » du salut par la foi. Les gentils entrent donc en foule dans le christianisme qui devient rapidement pour l'Etat un sujet de graves inquiétudes. Les chrétiens en effet mènent contre la religion officielle une campagne ouverte ; ils refusent de s'enrôler, et, sous les armes, de rendre hommage aux effigies de l'empereur. Poursuivis pour rébellion, ils ne célèbrent bientôt plus leur culte que clandestinement. Ils sont donc l'objet de préjugés grandissants et bientôt d'exceptionnelles rigueurs. Néron, au début, avait fait peser sur eux la responsabilité de l'incendie de Rome, et les avait livrés aux plus atroces supplices ; c'était un monstre sans doute ; mais des sages comme Trajan et Marc-Aurèle ordonnent ou permettent qu'on les persécute. Sous ce dernier, quand la peste éclate, c'est aux chrétiens que la foule attribue les malheurs publics ; ils ont éloigné

---

[1] Derenbourg, *Palestine*, p. 347 et 348.

Esculape par leur impiété. Plus tard aussi, sous Dioclétien, ce sont eux encore qui ont incendié le palais impérial, ce sont leurs maléfices qui ont suscité les épidémies, et l'empereur lui-même, partageant ces passions, leur ferme l'accès de l'armée et de la magistrature, détruit leurs églises et leurs livres saints, et fait emprisonner leur clergé [1].

Nous sommes au début du IV° siècle. Tout à coup il s'accomplit un de ces événements qui donnent un cours nouveau à l'histoire du monde : Constantin, devenu empereur, avait rendu ce fameux édit de Milan, digne des temps modernes, qui proclamait la liberté religieuse la plus complète. Tous les cultes sont reconnus et leurs prêtres entourés d'honneurs publics ; l'empereur en devient comme le chef suprême. Homme de peu de foi mais de grande raison politique, Constantin comprend d'un coup d'œil que la religion romaine est perdue et que des deux cultes bibliques, le plus accessible aux masses est celui du Galiléen. Le christianisme devient la religion de l'Etat, et tout aussitôt, en 315, trois ans après l'édit de Milan, le prosélytisme, interdit aux Juifs et aux payens sous les peines les plus sévères, reste le privilège exclusif de l'Eglise. Le moyen âge était commencé.

V

La situation nouvelle faite ainsi au judaïsme était commandée par les circonstances. Douée d'une foi

---

[1] Académie des Inscriptions et Belles-Lettres, 19 août 1881, communication de M. Duruy.

profonde, abime qui la sépare des vulgaires persécu-
teurs contemporains, l'Eglise se croyait la seule déposi-
taire de la vérité, le chemin unique du salut, et
appelée à convertir tous les hommes à la religion du
Christ : « Allez par tout le monde, lui avait dit le
Maître, et prêchez l'Evangile à toute créature ». Pour
accomplir cette grandiose mais effrayante mission, puissance entière lui avait été donnée sur la terre et dans
le ciel. Dès lors, arrivée à l'Empire, elle ne pouvait
plus, même en théorie, admettre cette dédaigneuse
mais dangereuse tolérance, qui avait été la règle du
paganisme et de la philosophie et avait passé dans les
codes impériaux. Ni dans son sein, ni à côté, ni en
dehors d'elle, aucune dissidence ne pouvait être souf-
ferte. Hérétiques, infidèles, payens, tous devaient être
ramenés par toutes les voies possibles à l'unité doc-
trinale dont elle était le seul organe autorisé.

Mais, plus que les autres dissidences, le judaïsme
était pour l'Eglise un objet de préoccupation, et, bien
plus que les autres hérétiques, elle désirait en ramener ou en réduire les adhérents. Plus âgé et long-
temps plus puissant qu'elle, il s'appuyait sur les plus
anciens des livres sacrés où elle puisait sa force et se
donnait pour la véritable légitimité religieuse, dont
elle-même n'aurait été qu'un schisme heureux ; comme
elle, il avait son enseignement, son culte organisé, ses
docteurs et sa tradition qu'il faisait également remonter dans la nuit du passé ; comme elle aussi, il se
résolvait dans une doctrine qui commandait souve-
rainement à la conscience, assurait la famille et ses
vertus touchantes et constituait la communauté religieuse universelle ; comme elle encore, il était doué
d'une force d'expansion, qui, pour se manifester sans

bruit, n'était pourtant pas sans succès ; enfin, il n'avait pas besoin d'elle et elle ne pouvait pas se passer de lui.

Malgré l'avènement de l'Église et les restrictions qui en avaient été pour eux la conséquence, l'influence des Juifs était restée considérable ; partout, à la cour, dans la magistrature et à l'armée, elle les trouvait sur son chemin ; partout aussi dans les deux capitales de l'Empire et dans les provinces les plus lointaines, en face de ses propres communautés, elle rencontrait les leurs. Le contact, les froissements étaient de chaque jour ; et comme les foules et surtout les femmes, peu faites aux discussions dogmatiques, visitaient fréquemment les synagogues[1] et réclamaient les services religieux des rabbins qu'elles ne distingaient guère des prêtres, le judaïsme, quoique matériellement déchu, restait pour l'Église un danger imminent qu'il fallait faire disparaître à tout prix. Contre cet ennemi qui la discutait, qui la menaçait, qui l'enlaçait de mille bras, il fallait donc nécessairement qu'elle se défendît ; c'était un combat suprême pour la vie, où l'un des deux adversaires devait se soumettre ou périr. Or, comme l'Église avait pour elle la force, comme les circonstances venaient de lui donner la couronne et le glaive, elle ne pouvait pas ne pas se servir de l'une et de l'autre, pour se préserver elle et ses adhérents d'un contact mortel ; c'é-
ᴉtal ; sous peine de déchoir elle-même, elle était
de faire tomber les Juifs du rang qu'ils occu-
ᴉs la société, de leur retirer non seulement
ᴉges mais encore leurs droits, et enfin, de

se
ᴉtait l
obligée
ᴉpaient da.
leurs privilè.

Juifs, IV, p. 335.

[1] Graetz, Hist. des

les forcer à se renier eux-mêmes et à la reconnaître
comme la seule Eglise de Dieu. Dès la mort de Julien
qui avait repris la politique tolérante de l'édit de Milan, à partir de Théodose le Grand, l'action contre
Israël se dessine avec une rigoureuse netteté : les Juifs
sont destitués du droit d'occuper des fonctions politiques ; ils ne peuvent plus être chefs militaires, admi-
nistrateurs, ni magistrats ; on ne leur laisse que les
charges onéreuses. Justinien, tout entier à son dé-
vouement à l'Eglise, fait un pas de plus : il déclare les
Juifs incapables de témoigner en justice, met des restrictions à leur aptitude à posséder la terre, et va jusqu'à entraver leur liberté de tester [1].

Ces dispositions légales, qui passent dans les codes
des premiers rois francs, deviennent « effroyables [2] »
dans ceux des souverains Visigoths d'Espagne et restent le fond même de la législation des siècles suivants ; elles atteignent les Juifs dans leur vie privée ;
c'était là en effet qu'il fallait creuser le fossé de la
séparation. Les mesures restrictives qui sont prises
par les conciles et les princes nous donnent une idée
du danger en face duquel l'Eglise se croit. Le prosélytisme devient pour les Juifs un crime capital :
les mariages mixtés, redoutés surtout parce qu'ils
avaient lieu dans des proportions considérables et
qu'ils tournaient à l'avantage des Juifs, sont l'objet
des plus terribles menaces ; mais on se contente de les
déclarer nuls et de frapper les conjoints de la plus
douloureuse des peines : on baptise leurs enfants et
on les place dans des maisons religieuses. Il va sans
dire qu'il est formellement défendu aux agriculteurs

---

[1] Depping, *Les Juifs au moyen-âge*, p. 20-30.
[2] *Esprit des Lois*, XXVIII, vii.

de faire bénir leurs récoltes et leurs moissons par les rabbins. Quant aux rapports d'amitié ou de simple politesse, il sont également interdits : on ne peut plus manger les uns chez les autres. Bien plus, les médecins et les sages-femmes de part et d'autre ne peuvent plus assister que des malades de leur confession, le cas fût-il urgent, et, même en danger de mort, une nourrice chrétienne doit refuser son lait à un petit enfant juif nouveau-né. Les infractions à ces lois sont ou bien l'excommunication pendant une année ou bien cent coups de bâton sur l'heure, suivant que l'on est noble ou vilain [1].

Telle est déjà la situation légale des Juifs à partir du ve siècle ; pour eux, la règle, c'est la séparation d'avec les personnes du culte catholique, et, à mesure qu'on avancera dans cette voie fatale, on sera contraint, par la logique même du principe de l'exclusion, à les refouler chaque jour davantage en dehors de la société. C'est en vain qu'ils résisteront et chercheront à sortir du cercle de fer qui les enserre ; ils ne réussiront qu'à soulever plus de colères et à faire resserrer les mailles du réseau [2]. Il ne leur sera plus permis d'habiter sous le même toit, ni de respirer le même air que les chrétiens ; on les « parquera » [3] tous de force autour de leurs synagogues dans des quartiers fermés, partout et toujours, on les obligera à se distinguer de tous. Ils devront laisser croître leurs cheveux et leur barbe, ne s'habiller que d'étoffes grossières et couvrir leur poitrine ou leur tête d'une rouelle ou d'un bonnet jaune, comme pour traîner en quelque sorte avec eux

[1] Graetz, *ibid.*, IV, p. 393.
[2] Graetz, *ibid.*, p. 395.
[3] Bardinet, *Revue des Etudes juives*, I, p. 268.

le ghetto[1] ; enfin par un raffinement inouï dans les
fastes de la persécution, on en viendra un jour à
maintenir l'inégalité jusque devant le gibet et dans la
prison ; on incarcérera les Juifs à part et l'on fera au
criminel orthodoxe la faveur de pendre le Juif par
les pieds[2].

VI

Ce n'était pas la Papauté, il faut le dire, qui donnait dans ces cruautés ineptes ; elle ne voulait pas
sans doute qu'il y eût « de relations damnables entre
Juifs et chrétiens parce qu'il résultait beaucoup de
scandale de ce commerce avec les fils de Belial... et
que la plupart de ceux qui vivaient continuellement
avec eux perdaient toute l'ardeur de leur foi[3] ». Mais,
si elle séparait les Juifs de la société, elle n'entendait
pas qu'ils fussent exclus de l'humanité : son honneur
comme sa doctrine le lui interdisaient. Le Christ en
effet n'avait-il pas ordonné à ses apôtres d'aller vers
les brebis égarées de la maison d'Israël, et, pour les
brebis retrouvées, est-ce qu'il n'y a pas plus de joie
que pour la foule des autres qui n'ont pas été per-

---

[1] Concile de Latran, 1215 ; *Vallée des pleurs*, XXXVIII. Cet ou-
vrage, en hébreu, EMEK HABAKHA, *Chronique des souffrances d'Israël
depuis sa dispersion*, est l'œuvre de *Maistre Joseph ha Cohen, médecin
à Avignon, en 1575*. Il vient d'être traduit pour la première fois en
français par M. Julien Sée, qui expose dans une remarquable pré-
face les persécutions dont les Juifs ont été l'objet

[2] *Vallée*, XXXIV, et *Revue*, IV, p. 34-47.

[3] Art. de M. Isidore Loeb, *Revue*, I, p. 116 ; *Vallée*, XXXIV,
et p. 242.

dues ? Ramener les Juifs, ces frères de Jésus par le sang, ces confesseurs malgré eux de la vraie foi, pour l'Église quelle gloire et pour le christianisme quel témoignage !

C'est le pape Grégoire Ier le Grand qui, à ce qu'il semble, a pris à l'égard des Juifs l'initiative d'une politique de douceur et de persuasion. Au moment où les conciles du midi de la France et de l'Espagne mettent les Juifs en dehors du droit commun, entre le baptême et l'exil, le grand pape intervient en leur faveur ; il veut qu'on respecte leurs personnes, leurs biens et même la libre pratique de leur culte ; on ne doit les amener au christianisme que par la charité. A la même époque, saint Isidore de Séville et un grand nombre de papes des siècles suivants continuent ces traditions tolérantes à l'égard des Juifs [1]. On cherche à les convertir par les moyens pacifiques : des colloques ont lieu entre les docteurs des deux cultes ; ce sont de vraies passes d'armes ; les chrétiens citent le Talmud et les Juifs le Nouveau Testament. Il va sans dire qu'on ne permettait qu' « aux meilleurs clercs de disputer aux Juifs » et c'était presque toujours un ancien coreligionnaire, un rabbin converti qu'on chargeait de les ramener par son exemple autant que par ses arguments [2]. On vit de ces colloques se prolonger au delà de toute mesure, témoin celui de 1314, à Tortose en Espagne, devant l'antipape Benoit XIII, qui dura dix-huit mois et où furent oubliés quelque peu les sages conseils de Grégoire le Grand.

---

[1] Isidore Loeb, *ibid.*, Bardinet, *Revue historique*, 1er janvier et 1er septembre 1880, et *Revue des Etudes juives*, t. VI, p. 1.

[2] *Ibid.*, III, p. 216 ; Ordonnance de saint Louis.

Parfois les Juifs, sont invités sans trop pouvoir décliner cette politesse, à venir assister aux pompes splendides de l'Eglise et à entendre ses prédicateurs; d'autrefois enfin, comme pour la montagne de Mahomet, on ne dédaigne pas d'aller à eux, et c'est dans leurs pauvres synagogues que les orateurs chrétiens viennent prononcer leurs sermons.

L'accession des Juifs à la grande unité catholique était d'un prix si grand que, pour l'obtenir, on n'hésite pas à leur accorder les plus brillantes récompenses et les plus illustres mariages; on n'épargne à leur égard aucune séduction. Voici un curieux discours, évidemment authentique, placé par un vieux document juif dans la bouche des prédicateurs chrétiens : « Pourquoi donc, disent-ils aux Juifs, vous laisser ». tuer pour votre Dieu? Voyez combien de châti- » ments, combien de pillages il décrète contre vous : » venez à nous, nous ferons de vous des ducs, des gou- » verneurs, des généraux (Eparchaï, stratelatai) [1] ». La législation visigothe espagnole du VIIIe siècle, c'est-à-dire de la même époque environ que le document que nous venons de citer, est bien dure pour les Juifs; on y trouve déjà en germe toute l'inquisition [2]; elle leur offre pourtant des lettres de noblesse en échange de leur foi religieuse. Sans doute, un certain nombre de Juifs, séduits ou convaincus, adoptaient la foi catholique, et, nouveaux illuminés de Damas, se consacraient à convertir leurs frères; mais il n'y en avait, par rapport à la masse des fidèles, qu'une infime minorité, et en somme, que les Juifs fussent conduits à la

[1] Graetz, d'après le *Pesikta Rabbâti*, dans Hist. des Juifs, IV, p. 333.

[2] Depping, *ibid.*, p. 23.

messe ou que les prédicateurs vinssent les trouver à
la synagogue, sur toute la ligne l'échec de l'Église était
à peu près complet, et le judaïsme, dans ses forces
vives, n'était pas entamé.

Quoi d'étonnant dès lors que les voix recomman-
dant la clémence cessassent d'être écoutées, et qu'à
ces époques, encore si éloignées des idées de fraternité
et de paix, on eût recours à la force, cette raison suprême, même de nos jours, pour ceux qui n'en ont
pas de meilleure ? Il y avait toujours eu d'ailleurs dans
la chrétienté des autorités considérables, ecclésiastiques ou autres, comme saint Louis, par exemple,
qui ne comprenaient pas qu'on discutât avec les ennemis du Christ, et qui trouvaient plus simple d'en
finir par les moyens expéditifs. On en agissait de la
sorte avec toutes les hérésies ; pourquoi donc tem-
poriser avec le judaïsme aussi dangereux et bien plus
outrageant ? Aux IVᵉ, Vᵉ et VIᵉ siècles, en Italie, en
Égypte, dans le midi de la France, des évêques con-
duisent donc les populations à l'assaut des synagogues et des communautés juives et du même coup
les convertissent les unes en chapelles et les autres en
chrétiens.

Le recours au peuple dans cette lutte pour la vie
religieuse faisait entrer en lice un champion nouveau avec lequel il allait falloir compter désormais.
Le peuple au moyen âge était malheureux et igno-
rant ; nobles et prêtres qui s'engraissaient de ses
sueurs, guerres qui empêchaient son travail et lui
prenaient son pain, épidémies et pestes qui le déci-
maient périodiquement, tout ajoutait à ses souffrances
et à ses terreurs. Il n'avait par contre de consolation
que dans son culte ; sa foi ardente le soutenait dans

sa misère, et le préservaient du désespoir. Ses seules
heures de calme, d'oubli, sinon de bonheur, c'était
l'Eglise qui les lui donnait. Dans les plus pauvres chapelles, comme dans les majestueuses basiliques, inon-
dées d'une douce lumière et pleines d'harmonie, de
chants et de parfums, ses sens et son esprit étaient
comme ravis et il lui semblait vivre à la fois tous les
siècles du passé et les éternités de l'avenir.

C'était en effet vers le passé et l'avenir que l'Eglise,
avec un vrai génie des besoins intellectuels et moraux
de l'humanité, se plaisait à reporter le peuple par
l'instruction qu'elle lui donnait. Ce passé et cet avenir
que l'Eglise lui montrait d'après les traditions religieuses qu'elle avait conservées, c'était ses souf-
rances à elle et son triomphe définitif, triomphe aussi
de tous ceux qui lui donnaient leur foi. Pour ce
peuple donc qui ne savait pas lire, elle lisait, elle prêchait et même elle mettait en action les Evangiles,
lui montrant ainsi, comme la plus haute des consola-
tions et le plus sublime des enseignements, un Dieu
qui naissait, qui vivait, qui souffrait, et mourait
comme lui.

Dans cette tragédie lamentable de la passion et du
supplice de Jésus, le rôle des Juifs apparaît sous les
plus sombres couleurs : ce sont les sacrificateurs juifs
qui ourdissent la perte du juste ; c'est Judas Iscariote
qui le vend à prix d'or et ne l'embrasse que pour
mieux le trahir ; c'est la plèbe juive enfin, dans laquelle
le peuple ne se reconnaît pas, parce qu'on ne se reconnaît jamais dans les portraits ressemblants qui ne sont
pas flattés, c'est la plèbe juive qui sauve un vulgaire
brigand. insulte et abandonne à une mort infâme celui
qu'elle suivait naguère avec enthousiasme et qu'elle

couvrait de fleurs. Or ces Juifs ennemis du Christ et de sa foi, leurs descendants vivaient au milieu de la société chrétienne. Abrités par on ne sait quel charme, ils trouvaient moyen d'échapper aux souffrances qui atteignaient tout le monde. La misère des chrétiens était donc leur œuvre; c'étaient eux à coup sûr qui s'appropriaient le pain des enfants du Christ, eux à coup sûr qui, par leurs maléfices, par leurs pactes avec Satan causaient le malheur de la chrétienté.

C'est ainsi que par une sorte de genèse mystérieuse s'est lentement formée, a grandi et s'est développée dans les imaginations naïves et ignorantes, la légende terrible du Juif haineux qui ourdit et perpètre sans cesse contre les chrétiens et l'Eglise tous les crimes et tous les attentats. C'est la même qui s'était formée dans l'Empire romain dès le début du christianisme contre les disciples du Christ. Comme ces germes malfaisants qui flottent dans l'air que nous respirons, se jouent jusque dans les gais rayons du soleil puis se fixent desséchés sur les murs de nos demeures, jusqu'à ce que les circonstances favorables leur rendent leur vie fatale un moment suspendue, ainsi les erreurs, les préjugés, les calomnies des foules payennes contre les chrétiens des premiers siècles réapparaissent contre les Juifs, à peine modifiés par le milieu nouveau où se produit leur réveil. C'est donc aux Juifs aussi que, par un ressouvenir de Rome sous Néron et Dioclétien, on attribue les incendies qui désolent des villes et des provinces entières ; ce sont les Juifs, complices des lépreux, qui empoisonnent les fontaines, suscitent les épidémies et les pestes qui désolent le monde; c'est aux Juifs encore que, par la plus étrange des contradictions, on jette la calomnie inspirée contre les chrétiens par la

célébration du rite eucharistique ; ce sont les Juifs
désormais qui frappent du poignard, qui plongent dans
l'eau bouillante les hosties saintes ; les Juifs qui pour
célébrer leur cène pascale se servent de sang humain ;
les Juifs qui pour fabriquer leurs pains azymes saignent
et assassinent les petits enfants ; les Juifs, continua-
teurs du déicide, qui poursuivent le Christ toujours et
partout dans ses disciples, dans sa doctrine, dans sa
personne, dans sa divinité [1].

Il y a dans l'histoire des concours inattendus de circonstances, comme des vents opposés qui soufflent sur
les foules humaines et les soulèvent jusque dans leurs
couches profondes ; de même que dans l'atmosphère,
c'est au moment des plus grandes dépressions que les
secousses sont les plus terribles. C'est ainsi que du
VIIIe au XIV[o] siècle, la chrétienté est hantée par de con-
tinuelles épouvantes : tantôt c'est sa destruction par
l'Islamisme, tantôt la fin du monde lui-même qu'elle
appréhende ; tantôt c'est la profanation du Saint-Sé-
pulcre à laquelle elle ajoute foi, sur les rapports des
pèlerins : elle croit à une conspiration universelle dont
les Juifs sont les instigateurs [2] ; les passions se déchaî-
nent donc irrésistiblement. Un cyclone moral emporte
les masses populaires, entraîne ou détruit sur son
chemin tout ce qu'il rencontre d'ennemis du Christ.

La période des croisades et celle de la peste noire
sont surtout horribles pour les Juifs. Rien, ni la pro-
tection des princes, ni l'hospitalité des évêques, ni les
exhortations ardentes de saint Bernard, ni les ordres
formels des Papes, ni enfin le baptême qu'un certain
nombre se résout à accepter, rien ne peut les sauver

---

[1] Beugnot, *Les Juifs d'Occident*, B, p. 17.
[2] Depping, *ibid.*, p. 264 ; *Vallée des pleurs*, p. 236.

du torrent qui les engloutit et les broye. Malheureux Juifs, ils périssent en jetant à la face de leurs bourreaux le principe sublime de leur foi : *Dieu est un !* Malheureux chrétiens, atteints d'une sorte de monomanie dogmatique aiguë, ils noyent, ils pendent, ils étranglent, ils décapitent, tenaillent, brûlent des hommes, des femmes, des enfants et s'écrient dans toute la conviction de leur âme : *Dieu le veut, Dieu le veut.*

La dernière, la plus formidable de ces crises de folie religieuse, c'est l'Espagne qui l'a subie, lors de l'expulsion, sous Ferdinand et Isabelle, de douze cent mille juifs et musulmans ; il n'y en a eu dans l'histoire qu'une seule qui puisse lui être comparée ; c'est, deux siècles plus tard, la révocation de l'édit de Nantes. Le phénomène espagnol est pourtant plus complet dans son genre : d'abord parce qu'on y retrouve toutes les causes et tous les prétextes des persécutions religieuses ; ensuite parce qu'il comprend un nombre plus considérable d'individus et une variété plus grande de sectes religieuses ; de plus, parce qu'il a pu, grâce aux mœurs franchement barbares du temps, se produire sans hypocrisie dans toute son horreur ; enfin parce que la Némésis providentielle en a fait sortir toutes les malédictions et tous les enseignements bienfaiteurs qu'un si grand crime pouvait porter. L'Espagne ne s'en est pas relevée et ne s'en relèvera que difficilement.

VII

Mais si les grandes crises qui ont soulevé les peuples chrétiens expliquent, sans les justifier, les hécatombes où nous voyons périr en masse les Juifs du moyen âge, comment comprendre les faits de pillage légal ou populaire, les avanies de tout genre dont ils ont été presque partout les victimes? comment se rendre compte que des États organisés aient pu exécuter ou tolérer dans leur sein de si fréquentes violences contre une partie de leur population?

Le christianime n'avait pas donné au moyen âge sa religion seulement, mais encore son régime social et politique, la féodalité. Fondée sur la foi au Christ et la propriété du sol, la féodalité ne connaissait légalement que ceux qui appartenaient à cette double hiérarchie à un titre quelconque, c'est-à-dire en haut l'aristocratie et le clergé, en bas les vilains et les serfs. Quant à ceux qui n'y trouvaient pas leur place, ils étaient forcément des étrangers, des ennemis[1]. Sans doute il se pouvait que, pour une raison ou dans un lieu quelconque, on respectât leur religion ou qu'on leur assurât la sécurité matérielle; mais la règle à leur égard, ce n'est pas la loi, le droit commun, c'est le bon plaisir ou le besoin, toujours changeants, toujours variables. Ils sont dans l'État, sans en faire partie, inférieurs aux serfs dont les maîtres doivent au moins compte à Dieu, tandis que leur vie, à eux étrangers, et leurs biens sont choses de quiconque peut s'en emparer.

Telle fut la situation des Juifs au moyen âge. Repoussés de la société féodale, traités par elle en ennemis, ils ne peuvent s'établir au milieu d'elle, ou plutôt à son côté, qu'en vertu d'une autorisation de ses chefs. Des conditions stipulent à l'avantage de

---

[1] Béugnot, *ibid.*, A, p. 57 et suiv.

l'Etat des taxes considérables et pour celui des Juifs
un temps de séjour déterminé, des garanties de pro-
tection et le droit de prêt sous ses diverses formes.
Le taux de ces prêts, taux légal puisqu'il est fixé par
le prince, est des plus variables; dans certains pays,
à certains moments, il s'élève parfois jusqu'à 20 et
33 0/0. A cette époque où la noblesse et le clergé ne
vivent que de la guerre et de l'exploitation des vilains
et des serfs et où la bourgeoisie travaille peu; à cette
époque où l'Eglise, par suite d'une interprétation
biblique erronée, dont elle est revenue depuis, interdit le prêt à intérêt comme un péché mortel, un petit
nombre de Juifs deviennent bientôt, soit pour leur
compte, soit pour celui des prêteurs chrétiens, les
créanciers de presque toutes les classes de la société[1].
Comme partout et toujours, les débiteurs cherchent à
échapper à leurs obligations ; mais malgré les *lettres
de répit* qui reculent indéfiniment les échéances et les
refus de témoignages chrétiens qui empêchent les paie-
ments, on ne réussit qu'à retarder le quart d'heure
fatal où il faut s'exécuter.

C'était l'instant psychologique ; de toute part, des
plaintes s'élèvent; les Juifs sont accusés d'usurpation
et d'usure, et un décret du prince dispense des intérêts,
supprime les prêts eux-mêmes et par surcroît expulse
les prêteurs.

C'est ainsi que Philippe Auguste n'autorise les Juifs
expulsés qu'à emporter leurs meubles et effets; il
garde pour lui « leurs prés, vignes, granges, et pres-
soirs » et n'exige de leurs débiteurs que le versement
dans le trésor royal du 1/5e de leur dette. C'est ainsi

---

[1] Depping, *ibid.*, p. 137 ; *Vallée des pleurs*, p. 51 ; *Le faux miracle*,
p. 42 ; *Revue des Et. j.*, III, p. 321.

que Philippe le Bel, plus âpre encore à la curée, fait arrêter tous les Juifs de son royaume en une seule nuit et les chasse sans leur permettre « d'emporter miette » ; c'est ainsi enfin qu'à Nuremberg, en 1370, une sorte de concordat, on ne peut plus original, intervient entre l'Empereur, les princes et les évêques, d'une part, et les débiteurs des Juifs, de l'autre ; à ces derniers on remet 70 0/0 de leur dette et les hautes parties contractantes veulent bien se contenter des 30 0/0 restants [1]. Quant aux Juifs, dans les trois cas on leur laisse la vie sauve.

Cette modération n'était dans les habitudes ni des princes ni des peuples ; nous pourrions en citer des preuves aussi nombreuses que concluantes mais d'une désespérante monotonie. Ordinairement les Juifs sont pillés et égorgés, ou bien égorgés d'abord et pillés ensuite par la populace que le prince châtie et force à lui rendre le bien des assassinés : c'est le cas de Rodolphe de Habsbourg à Nordlingen en 1290. Parfois, comme Wenceslas en 1348, le prince se fait d'abord sa part dans le butin, celle du lion naturellement ; puis il pousse l'indulgence jusqu'à acquitter les meurtiers, auxquels il accorde par surcroît les maisons des victimes restées sans possesseurs. D'autrefois, enfin, comme dans le Dauphiné à la même époque, le souverain fait condamner les plus riches Juifs de ses États et s'empare simplement de leurs biens. On a retrouvé le compte de ce dernier procès. Il n'a duré que dix jours et n'a coûté que la bagatelle de 27 livres 17 sous ; on ne dit pas ce qu'il a rapporté.

Dans la série de faits que nous venons de voir se

[1] *Le faux miracle*, p. 45.

dérouler sous nos yeux, c'est la lutte franche et bru-
tale des intérêts matériels qui nous apparaît avec évi-
dence; c'est encore cette même lutte que nous allons
constater dans une série nouvelle de faits où la religion semble être seule en cause, mais où, malgré les
apparences, le facteur véritable reste encore au fond
l'intérêt matériel. A cette catégorie de faits, où se
montre aussi la plus triste et la plus horrible uni-
formité, appartiennent presque toutes les imputations
de sacrilèges sur des hosties, d'offenses envers la Vierge
et, en grand nombre aussi, les accusations d'assassinats
d'enfants chrétiens dans un but rituel. Comme cas
d'hosties profanées nous ne citerons que le plus connu
de tous, celui qu'on solennise encore en Belgique sous
le nom de *Saint-Sacrement du Miracle.*

En 1370, à Enghien, près de Bruxelles, un riche Juif
est assassiné ; c'est lui qu'on accuse de la profanation
des hosties; naturellement il ne pouvait pas se dé-
fendre ; sa veuve et tous ses coreligionnaires de
Bruxelles sont impliqués dans l'affaire ; ils sont torturés et brûlés. Le seigneur d'Enghien prend les biens
de la victime et le duc Wenceslas, gêné dans ses
finances, recueille par l'expulsion des prétendus complices la somme de 883,185 florins. Ici, les comptes
complets ont été conservés. On voit que déjà les Belges
avaient le plus grand ordre dans leurs finances. Ils ont
fait quelques progrès depuis ; ils ont mis de l'ordre
dans leurs idées et tous, sans distinction, catholiques
et libéraux, sont partisans déterminés de la liberté de
conscience et de la liberté de penser. Au mois de
juillet 1870, en effet, on devait célébrer avec la plus
grande solennité le 500e anniversaire de l'événement.
Mais devant les manifestations pacifiques de l'opinion

libérale, le cardinal archevêque de Malines, alors à
Rome, au concile (le détail a sa valeur), crut devoir
interdire toute manifestation en dehors des églises.

Mais revenons au moyen âge et aux offenses à la
Madone. Sous Charles VII de France, un Juif du midi
est condamné, « pour avoir vomi contre Notre Dame la
sainte Vierge des blasphèmes exécrables, à être escor-
ché vif » ; pour le sauver, les notables de la synagogue
offrent 12,000 florins. Le roi hésite ; un de ses con-
seillers, le sire de Matharon, demande à être chargé
de l'affaire, se faisant fort que la Vierge ni le roi n'y
perdront rien. Il appelle les notables et leur déclare
que ce sont eux-mêmes qui exécuteront leur coreligionnaire ; les malheureux, pour échapper à cet horrible office, donnent 18,000 florins, et quatre gentils-
hommes masqués, dont à coup sûr le sire de Matharon, servent de bourreaux.

Combien il est plus noble dans sa rudesse et surtout
comme il représente bien la passion religieuse sin-
cère, ce paysan des Estines, près de Mons, nommé
Jean le Flamand. La Vierge lui avait apparu en songe :
« Jean, mon ami, lui avait-elle dit, lève-toi, et sans
délai, va-t-en à l'abbaye de Cambron ; et là verras mon
image, cruellement navrée d'un fénéant Juif... et de
là tu iras en la ville de Mons où commanderas que
le Juif soit recherché [1] ». Ce Juif était un converti,
serviteur du duc Guillaume le Bon. Jean le provoque
en combat singulier devant toute la cour. Le duc,
qui voulait sauver son néophyte, dit au paysan :
« Jean, vois, ne te hâte point tant ; prends de lui or et
argent.

[1] M. Jules De Soignies, *Les mauvaises langues du temps passé*, p. 27.

» — Je n'aurai ni cuivre ni argent, répond le brave champion de Marie. Je veux avoir le champ clos sans retard [1]. »

Mais c'est la triste légende des enfants « saignés dans un but rituel » qui a servi le plus fréquemment de prétexte pour couvrir les calculs avides, prétexte admirablement choisi, puisqu'il soulevait à la fois, au nom de l'humanité et de la religion, les plus vives et les plus légitimes colères.

Le cas de la ville de Trente, en 1475, montre jusqu'où peut aller sous ce rapport l'horrible ajouté à l'odieux. Un bandit du nom d'Enzo assassine un enfant et en jette le cadavre dans un étang, près du ghetto. Avant d'avoir rien trouvé, on accuse les Juifs, et, quand le cadavre est découvert, tous les Juifs sont arrêtés et torturés. Tous avouent, sauf un vieillard nommé Moïse qui meurt sous les verges. C'est en vain que des chrétiens instruits et le cardinal légat, venu de Rome, démêlent l'imposture et veulent la montrer au peuple ; le peuple, à qui il plaît souvent d'être trompé, les menace de mort. C'était l'évêque, un Jean Inderbals, qui le poussait, désireux d'avoir, en outre des biens des Juifs, son saint local et son pèlerinage ; son siège était fait ; les Juifs y eurent leur rôle accoutumé : ceux qui se convertirent ne furent que décapités [2].

A Rome, sous Marcel II, en 1555, les choses se passent autrement. Un enfant est trouvé crucifié sur le Campo santo. On empêche tout désordre et une enquête est commencée. L'administration papale,

---

[1] *Annales du cercle archéologique de Mons*, t. VII, p. 74. Voir aussi l'*Essai sur la résidence à Mons des Juifs et des Lombards*, par M. Félix Hachez, ancien directeur des cultes non catholiques.

[2] *Vallée des pleurs*, p. 94 et 246.

dirigée par le cardinal Alexandre de Farnèse, met
à trouver les coupables une sagacité digne de nos plus
fins limiers de police. C'était un chrétien qui, aidé de
se maitresse, avait tué son pupille pour lui voler ses
biens [1].

On ne peut pas le nier ; le plus souvent la convoitise
du bien des Juifs se cache sous les semblants religieux.
Le pape Benoît XII, un pape intègre, réformateur du
clergé, le déclare formellement dans une lettre qu'il
écrit au duc Albert II d'Autriche, un prince qui a reçu
le nom de Sage [2]. Chrétienne de nom, mais pas de
mœurs, à l'exception de quelques âmes d'élite, igno-
rante, inquiète, violente, la société féodale croit faire
à la fois œuvre pie et œuvre patriotique en privant les
Juifs de leur richesse, la seule arme puissante qu'ils
aient à leur disposition ; voilà pourquoi elle leur im-
pose des taxes considérables alors qu'elle est obligée
de les subir, voilà pourquoi elle les dépouille et les
chasse quand elle croit pouvoir se passer d'eux. Pierre
le Vénérable au début, Torquemada lui-même, vers
la fin du moyen âge, l'un en prêchant les croisades,
l'autre en décidant l'expulsion d'Espagne, sont péné-
trés du besoin de restituer à la société chrétienne les
forces qui lui ont été, croient-ils, frauduleusement et
injustement ravies. C'est le bien de l'Eglise qui fait
retour à sa source légitime, comme le dit Pierre, c'est
aux peuples chrétiens que doivent servir les richesses
juives, en dépit de leurs possesseurs eux-mêmes, *ser-
viant populis christianis, etiam invitis ipsis, divitiœ*

---

[1] Voir la double relation de cet événement, *Vallée des pleurs,*
p. 137, et *Revue des Et. juives,* IV, p. 88.

[2] Depping, *ibid.*, p. 123 ; *Le faux miracle,* p. 92.

Judæorum [1] ; les Juifs sont hors la foi, ils sont donc
hors le droit, hors la loi.

— VIII

Mais est-il admissible que, dans cette haine universelle, une part quelconque de responsabilité n'incombe
pas aux Juifs eux-mêmes? Une persécution si durable
n'a-t-elle pas forcément, au moins dans une certaine
mesure, son origine dans les fautes de ceux qui en sont
l'objet? C'est dans les fautes des peuples en effet que
la plupart du temps nous trouvons les causes des malheurs qui les atteignent. A cet égard rien de plus carac-
téristique que les idées qui règnent chez les Juifs. Tout
en admettant dans le cours des choses une certaine
part de fatalité, de chance, de *mazzal,* comme ils di-
sent, ils restent partisans résolus du libre arbitre
et c'est pour eux comme un dogme moral, politique et
religieux que les individus, les familles, les nations
n'ont, à tout prendre, que le sort qu'ils méritent. Tous
leurs auteurs, depuis ceux de leurs anciennes Écri-
tures et ceux du Talmud, jusqu'à leurs philosophes
du moyen âge, s'accordent à reconnaître ce qu'ils ap-
pellent la *justification de la justice de Dieu.*

On ne peut pas nier que cette idée d'une rétribution
fatale, envisagée au point de vue laïque des intérêts
sociaux, ne soit profondément salutaire, et que tous,
particuliers et peuples, n'aient intérêt à s'en pénétrer.
Ce ne sera donc pas faire preuve de malveillance et

[1] Depping, *ibid.,* p. 129 131.

nous ériger en accusateur, que de suivre les penseurs
israélites sur le terrain où ils se sont placés, et de
chercher dans quelle mesure la responsabilité qu'ils
reconnaissent pèse réellement sur les générations
juives du passé.

Séparés du monde chrétien, nous l'avons vu, par
une législation restrictive exceptionnelle, les Juifs
cherchent dans la plus large mesure possible à échapper à leur situation. Ainsi ils se dérobent le plus qu'ils
peuvent à l'obligation de porter le signe distinctif
qui leur est imposé [1]. Mais une faute de ce genre ne
compromet ordinairement que ses auteurs; il en est
autrement quand la désobéissance porte sur une loi
financière. Nous avons vu comment sont traités les
Juifs quand ils se bornent à réclamer les intérêts lé-
gaux; à plus forte raison s'exposent-ils aux plus
grands malheurs, quand ils dépassent les conventions
arrêtées et, tout comme les chrétiens, se rendent coupables de faux serments. Alors ce ne sont pas les
coupables seuls qui sont frappés; l'occasion est trop
précieuse pour n'être pas saisie avec empressement
par tous les débiteurs et c'est à la communauté entière
qu'on s'en prend.

Quelle imprudence aussi pour les Juifs de ne tenir
aucun compte des bulles papales interdisant les prêts
sur les vases sacrés et les vêtements sacerdotaux!
Dans cette période de passions brutales de tout genre,
non seulement de simples clercs, des recteurs, mais
encore des abbés et des évêques mettent en gage
et même vendent sans scrupule divers objets de
culte qui appartiennent aux églises. Charlemagne,

[1] Graetz, Hist. des Juifs, IX, p. 344; Kayserling, Hist. des Juifs
du Portugal, p. 21.

avec son grand bon sens et son large esprit de justice, laissait aux ecclésiastiques seuls la responsabilité de ces sacrilèges qui n'existaient que pour eux [1]. Alexandre IV, le pape qui introduisit l'inquisition en France sur la demande de saint Louis, crut mieux faire en partageant la peine entre les emprunteurs et les créanciers. Aux uns il inflige l'excommunication ; aux autres, auxquels il reproche « de faire des vases sacrés un usage si honteux qu'on rougit d'en parler et qu'on a honte de l'entendre, « il donne l'avertissement que de tels prêts ne seront point tenus comme valables, qu'il sera permis à tout chrétien de leur enlever leurs gages, et que non seulement ils perdront leur bénéfice, mais seront déboutés de leurs réclamations pour le recouvrement du capital [2]. »

Ni prêtres ni Juifs ne se laissent effrayer par ces menaces qui ne se réalisent guère que sur les naïfs prêteurs. Le bruit se répand tout à coup ou du haut de la chaire descend l'accusation que, dans le secret de leurs demeures avec leurs femmes et leurs enfants, les Juifs ont commis d'horribles sacrilèges ; l'emprunteur peut venir alors reprendre son gage, et la restitution se termine le plus souvent par le supplice du coupable et de ses complices présumés, c'est-à-dire de tous ceux qui partagent sa foi [3].

Le danger est plus grand encore pour la moindre atteinte qui est ou semble portée aux croyances chrétiennes. Le peuple, dans son ignorance, regardait déjà avec une curiosité défiante le culte célébré dans les

---

[1] Depping, *ibid.*, p. 43.
[2] Isidore Loeb, *Revue des Et. j.*, I, p. 296.
[3] *Vallée des pleurs*, p. 51.

pauvres et humbles synagogues. A plus forte raison
toute manifestation publique devait-elle lui apparaître
comme une sanglante offense. Lors de la fête d'Esther,
les classes populaires juives, en souvenir du triomphe
de Mardochée, pendaient et brûlaient ensuite un man-
nequin qui représentait Aman l'Amalécite, l'irréconciliable ennemi de leur race. Donnait-on à la potence la
forme d'une croix ; essayait-on une imitation du sup-
-plice de Jésus? C'était possible aux IIIe. et IV[o] siècles,
ce n'est pas probable plus tard. Mais le peuple a dû le
penser, car la fête d'Esther tombe souvent aux ap-
proches de la Pâque chrétienne et coïncide même parfois avec le Vendredi-Saint. Aussi des réjouissances ce
jour-là et des faits de ce genre ont-ils été la cause de
collisions et de massacres fréquents. Au Ve siècle, à
Immerstar, en Syrie, le bruit se répand qu'un enfant
chrétien a été crucifié ainsi le jour de Pourim ; un
combat sanglant éclate entre les deux confessions [1].
Il n'en faut pas tant en France sous Philippe Auguste.
En 1191, un chrétien, convaincu de meurtre sur la
personne d'un Juif, est pendu, le jour de Pourim, dans
la ville de Bray, par l'ordre de la comtesse et sans
doute sur la demande des parents de la victime. Le
roi accourt aussitôt ; quatre-vingts Juifs sont brûlés et
le reste de la communauté, pour échapper à l'apos-
tasie, périt volontairement dans la synagogue par la
main de son Rabbin [2]. Une autre fois en Navarre,
près de Tudela, un jeune illuminé de dix-sept ans
raconte que le Saint-Esprit lui est apparu sous la
forme d'une colombe, lui a ordonné de prendre le
commandement des soldats du Christ et de les con-

---

[1] Graetz, *ibid.*, IV, p. 393.
[2] *Vallée des pleurs*, p. 54.

duire à la guerre sainte contre les Maures. La foule
se rassemble, écoute avec enthousiasme le jeune pro-
phète et s'arme pour une croisade nouvelle ; un Juif
ose se railler de l'enfant merveilleux, aussitôt les
Juifs de Tudela, sont passés au fil de l'épée, le mas-
sacre se répand dans la Navarre entière et jusque
dans le midi de la France [1].

Mais de toutes les fautes des Juifs, la plus fertile en
persécutions, c'est l'imprudence avec laquelle la plupart d'entre eux s'abandonnent à leur amour pour le
bien-être, le luxe et les grandeurs.

La société juive avait aussi ses classes, différentes
de celles de la société chrétienne en ce sens qu'aucune
ligne de démarcation absolue ne les séparait. C'est
l'échelle de Jacob où chacun monte et descend à son
tour. En bas les plus nombreux, ceux qui vivaient par
le travail manuel ou le petit négoce ; au-dessus, des
commerçants d'une grande activité, semblables à la
fourmi de la fable, accumulant le plus possible en
vue des éventualités de l'avenir. Au sommet, enfin
quelques individus, quelques familles à qui des apti-
tudes ou des circonstances exceptionnelles avaient fait
une situation à part. Eh bien ! en haut et en bas, tous,
petits et grands, excitaient, involontairement ou par
leur faute, la convoitise universelle. Les plus pauvres,
très soutenus par la charité de leurs frères jouissent
d'un confortable relatif, inconnu aux foules chrétiennes. Ils apparaissent pendant la semaine sous des
dehors sordides, mais se transfigurent le jour du sabbat. Leurs habits éclatent de blancheur et dans leurs
demeures, si humbles qu'elles soient, brillent des

---

[1] *Vallée des pleurs*, p. 70.

lampes joyeuses, au-dessus de la table où parents et
enfants prient et mangent en commun. La classe
moyenne aussi, de son côté, est bien plus heureuse
que les bourgeois et le bas clergé avec lesquels elle
est en rapport. En général, elle comprend mieux la
vie matérielle, elle est mieux vêtue, mieux nourrie ;
elle sait faire servir son ordre et son économie au
maintien et au développement moral de la famille..

Quant aux Juifs les plus élevés par la fortune, il va
sans dire que plus que les autres ils attirent l'attention et l'envie, et que, à l'exception de quelques riches
modestes, dont les bienfaits, étendus même aux chrétiens, passent pourtant inaperçus, ils tombent plus
que les autres dans les péchés de luxe, de vanité et
d'ambition. Pour bien juger du cas, c'est en Espagne
et en Portugal qu'il faut l'étudier, parce que, dans ces
deux pays, un séjour de huit siècles et la présence des
Musulmans ont permis aux Juifs de se développer
plus complètement. Partagés entre les chrétiens et les
Maures, appelés à toutes les charges malgré les préjugés et les décrets des conciles, mêlés aux négocia-
tions politiques et aux intrigues de cour, financiers,
intendants, guerriers, médecins, philosophes, mathé-
maticiens, poètes, ils sont le nerf de la guerre et de la
paix tout à la fois, et, parce qu'ils se sentent indispen-
sables des deux parts, ils laisssent éclore sans con-
trainte, comme à Alexandrie avant l'ère chrétienne,
tous leurs talents et tous leurs défauts.

Divers auteurs Juifs espagnols [1] signalent haute-
ment la responsabilité de leurs puissants coreligionnaires ; ils blâment leur adoration du veau d'or tou-

---

[1] Voir Depping, *ibid.*, p. 367 ; Graetz, Hist. des Juifs, IX, p. 343-
344 ; Kayserling, *ibid.*, et pages suivantes.

jours continuée, leur galanterie avec les dames chrétiennes; ils leur reprochent de faire enseigner à leurs
enfants les arts d'agrément, la musique en particulier,
de porter des armes, de monter à cheval en ville, de
s'étaler dans des équipages tapageurs. Ces moralistes
parlent aux femmes juives, comme autrefois le pro-
phète Isaïe à leurs grand'mères de Jérusalem; ils cri-
tiquent leurs vêtements de soie et de velours, leurs
parures d'or et d'argent. Quant aux ministres juifs, ils
n'étaient pas précisément des modèles de simplicité.
Don Joseph, trésorier d'Alphonse XI de Castille, qui
avait pour commis les fils des plus grands seigneurs
du royaume, et don Samuel, ministre des finances de
Pierre le Cruel, qui faisait ses propres affaires en
même temps que celles de son maître, se montrent en
public tous deux dans des carrosses attelés de che-
vaux, chose fort rare à cette époque, et ils sont ac-
compagnés d'une suite considérable d'esclaves maures.
Tous deux se construisent de véritables palais et
édifient des synagogues comme celle de Tolède, par
exemple, debout encore aujourd'hui, qui rivalisent
avec les cathédrales. Peu satisfaits de tels avantages,
les Juifs veulent encore la noblesse et l'obtiennent;
ils poussent la prétention jusqu'à faire remonter leurs
généalogies, par delà le christianisme, jusqu'aux
princes des tribus d'Israël [1].

Que devaient donc penser et dire le peuple misérable
comme partout, la bourgeoisie jalouse, la noblesse
castillane, la plus pauvre et la plus ombrageuse du
monde, et le clergé toujours inquiet des progrès des
Juifs? De toute part, du milieu des foules, du sein

---

[1] Depping, *ibid.*, p. 365.

des Cortès comme du haut des chaires, les accusations
s'élèvent. On interdit aux imprudents et les métiers et
la parure et le port des armes et les charges et les
titres nobiliaires. Les ministres tout puissants contre
qui l'hostilité aurait éclaté à coup sûr, si même ils
n'eussent pas été juifs, sont renversés par des intrigues
de cour ou des émeutes. Don Joseph et don Samuel
périssent et pendant que leurs maîtres s'approprient
leurs dépouilles sans scrupule, leurs coreligionnaires
sont frappés de toute part. Nombre d'exils de détail
ont précédé en Espagne la grande expulsion de 1492.

C'est donc incontestable : les Juifs sont dans leur
tort. Ils n'auraient pas dû oublier qu'ils étaient minorité et minorité dissidente ; pour mettre toutes les
chances de leur côté, ils auraient dû ne commettre
aucune faute et, dans cet âge d'or, avoir toutes les
vertus. C'est le cas des *Animaux malades de la peste*.
Permis aux grands seigneurs, lions, tigres, renards et
loups de la société féodale de

> . . . dévorer force moutons,
> . . . .
> Même . . . quelquefois de manger
> Le berger.

Mais les Juifs, ne pas tenir compte des ordonnances
des princes et des bulles papales ; être âpres au gain,
manquer aux engagements pris ; railler les croyances,
faire peu de cas des vases sacrés et des vêtements
sacerdotaux du culte catholique ; vouloir obtenir leur
part de bien-être et d'honneurs,

> Manger l'herbe d'autrui ! quel crime abominable !
> Rien que la mort n'était capable
> D'expier leur forfait. On le leur fit bien voir.

IX

Résumons-nous et concluons : la persécution contre les Juifs a eu pour origine avant le christianisme des jalousies commerciales, des rivalités philosophiques et des rancunes militaires. Après le christianisme, la persécution a eu pour cause la lutte pour la vie religieuse et la vie matérielle sur le terrain spécial créé par l'Eglise et la féodalité, et de plus des fautes et des vices individuels soit des payens, soit des Juifs, soit des chrétiens.

Aujourd'hui nous sommes témoins de désordres qui rappellent ceux d'autrefois et ont également leur explication partie dans l'héritage du passé, partie dans l'état féodal des pays où ils se passent, partie aussi dans les diverses responsabilités du présent. Si semblables pourtant que soient ces causes, on ne peut nier que la persécution, en traversant les siècles, ait suivi une gradation sans cesse descendante. L'ignorance diminue insensiblement, les lumières se répandent, les mœurs s'adoucissent, le progrès s'affirme en dépit de toutes les négations. Le crime de 1685 contre les protestants, si fatal qu'il ait pu être pour la France, a été, nous l'avons dit, moins terrible que celui de 1492 contre les Juifs et les Maures. De même, en 1882, l'exode partiel des Juifs de Russie, fatal aussi au pays et aux malheureux qui l'ont subi, n'a pas eu et n'aura pas les conséquences désastreuses des deux événements qui l'ont précédé. Cet exode d'ailleurs n'était pas le résultat d'une volonté législative du souverain, mais simplement de la colère des foules conduites par des meneurs cachés. Les haines dogmatiques n'y avaient aucune part. Il n'y a plus heureusement de nos jours un seul peuple qui expulserait un nombre quelconque de ses citoyens pour cause de dissidence religieuse.

Les préjugés eux-mêmes s'affaiblissent ; en 1840, des Juifs de Damas accusés d'un meurtre rituel et mis à la torture n'ont été l'objet que d'une mesure de grâce. En 1883, en Hongrie, il ne s'est trouvé, malgré les plus coupables manœuvres, ni un jury ni un tribunal pour admettre la possibilité d'un crime de ce genre, et une éclatante revanche a été donnée à la vérité, au bon droit et à l'humanité.

Mais c'est dans les tentatives mêmes de l'intolérance pour se constituer en personnalité morale, que nous voyons éclater le progrès des idées et des mœurs. Jadis l'intolérance commandait aux souverains et aux peuples. Partout maîtresse, sûre d'elle-même, c'était dans les consciences qu'elle avait établi le siège inaccessible de son pouvoir. Aujourd'hui méfiante, inquiète de l'avenir, elle éprouve le besoin de concentrer ses forces pour les multiplier : elle se résout à des coalitions que condamnent sa doctrine et son passé ; elle proclame une nouvelle croisade, elle appelle les frères ennemis à une ligue internationale contre Israël. Les peuples chrétiens, catholiques et protestants, s'entendraient pour interdire aux Juifs toute fonction publique et même, dépassant le moyen âge, pour les exclure de toute relation d'affaires. On relèverait autour d'eux, au nom des intérêts matériels, des intérêts religieux et des intérêts politiques, les barrières d'un universel ghetto.

L'histoire du passé et les idées du présent démontrent qu'une telle entreprise ne peut pas se réaliser. Une ligue internationale de l'intolérance au nom des intérêts matériels est impossible, parce que les intérêts matériels ne se laissent pas conduire par des formules creuses ; ils suivent leurs lois nécessaires. Si le fanatisme social les en détournait, il les pousserait contre le capital, sans distinguer l'Eglise ou la race à laquelle il appartient.

Une ligue internationale de l'intolérance au nom des intérêts dogmatiques est impossible, parce que le fanatisme religieux est mort. Au moyen âge, aux heures les plus sombres, les Juifs n'ont jamais complètement désespéré de l'Eglise et souvent ils se sont tournés vers la papauté. Aujourd'hui le christianisme universel, catholique et protestant, s'est définitivement attaché aux grandes traditions de Grégoire Ier et de saint Bernard qui sont sa gloire et son honneur.

Une ligue internationale de l'intolérance enfin est impossible au nom des intérêts politiques, parce qu'il est des peuples nombreux, grands et petits, Angleterre, France, Etats-Unis, Belgique, Hollande, Suisse, tous égaux par leur respect de la justice et de la conscience, qui jamais n'effaceront de leurs constitutions les droits de l'homme et du citoyen.

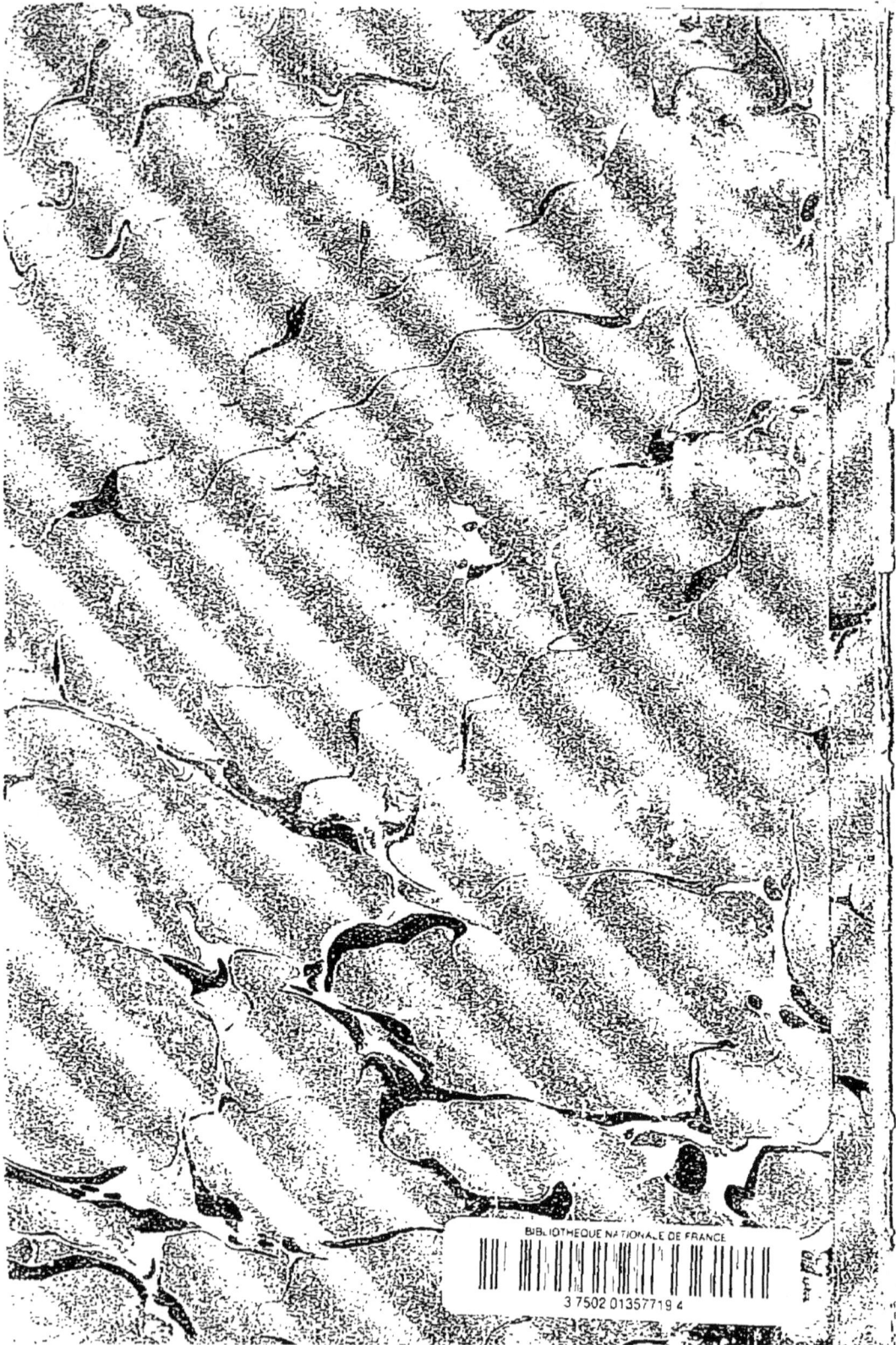

www.ingramcontent.com/pod-product-compliance
Lightning Source LLC
LaVergne TN
LVHW022031080426

835513LV00009B/984